AF459824

RÈGLEMENT

CONCERNANT

LES TROUPES PROVINCIALES.

Du 1.er Mars 1778.

A PARIS,
DE L'IMPRIMERIE ROYALE.

M. DCCLXXVIII.

TABLE DES TITRES

Contenus dans le présent Règlement.

RÈGLEMENT

RÈGLEMENT
Concernant les Troupes Provinciales.

Du 1.er Mars 1778.

DE PAR LE ROI.

SA MAJESTÉ ayant eu en vue, par ſon Ordonnance du 30 janvier dernier, portant rétabliſſement de ſes Troupes provinciales, d'aſſigner aux différens bataillons qui en ſont partie, une deſtination plus utile à ſon ſervice; & voulant expliquer ſes intentions & régler leur compoſition, leur aſſemblée & leur ſervice, Elle a ordonné & ordonne ce qui ſuit :

TITRE PREMIER.

Compoſition & répartition des Régimens & Bataillons Provinciaux.

ARTICLE PREMIER.

LE nombre des bataillons qui ſeront levés dans les provinces du royaume, ſera porté à l'avenir à Cent ſix, au lieu de Cent cinq; & pour cet effet, l'intention de Sa Majeſté eſt que les généralités d'Auch & de Bayonne, fourniſſent trois bataillons, au lieu de deux, ainſi qu'il avoit été réglé par l'Ordonnance du 19 octobre 1773: En conſéquence de cette diſpoſition, il ſera procédé inceſſamment à la levée du premier ſixième de ce nouveau bataillon, ſur le pied de ſept cents dix hommes, conformément à l'*article premier du Titre VII* du préſent Reglement.

A

2.

LES régimens provinciaux de *Châlons*, de *Troyes*, de *Moulins*, de *Lille*, de *Lyon*, de *Valence*, de *Verdun*, de *Colmar*, de *Dijon*, d'*Autun*, d'*Anduſe* & de *Véſoul*, continueront à être composés chacun de deux bataillons.

3.

VEUT Sa Majeſté que des douze régimens Provinciaux dénommés ci-deſſus, ſept ſoient deſtinés, en campagne, au ſervice de l'Artillerie, & particulièrement attachés ſous une nouvelle dénomination :

SAVOIR;

Le régiment provincial de *Châlons*, au régiment d'artillerie de *la Fère*, ſous la dénomination de *régiment provincial d'artillerie de la Fère.*

Le régiment provincial de *Valence*, au régiment d'artillerie de *Grenoble*, ſous la dénomination de *régiment provincial d'artillerie de Grenoble.*

Le régiment provincial de *Verdun*, au régiment d'artillerie de *Metz*, ſous la dénomination de *régiment provincial d'artillerie de Metz.*

Le régiment provincial de *Colmar*, au régiment d'artillerie de *Straſbourg*, ſous la dénomination de *régiment provincial d'artillerie de Straſbourg.*

Le régiment provincial de *Dijon*, au régiment d'artillerie de *Beſançon*, ſous la dénomination de *régiment provincial d'artillerie de Beſançon.*

Le régiment provincial d'*Autun*, au régiment d'artillerie d'*Auxonne*, ſous la dénomination de *régiment provincial d'artillerie d'Auxonne.*

Enfin le régiment provincial de *Véſoul*, au régiment d'artillerie de *Toul*, ſous la dénomination de *régiment provincial d'artillerie de Toul.*

4.

Les cinq autres régimens Provinciaux, qui ſont ceux de *Troyes*, de *Moulins*, de *Lille*, de *Lyon* & d'*Anduſe*, ſeront attachés à l'État-major de l'Armée, lorſque les circonſtances exigeront de les faire marcher en campagne; ils ſeront connus ſous la dénomination ci-après.

SAVOIR;

Le régiment provincial de *Troies*, portera le nom de *Premier régiment d'État-major.*

Le régiment provincial de *Moulins*, portera le nom de *Deuxième régiment d'État-major.*

Le régiment provincial de *Lille*, portera le nom de *Troisième régiment d'État-major.*

Le régiment provincial de *Lyon*, portera le nom de *Quatrième régiment d'État-major.*

Enfin le régiment provincial d'*Anduse*, portera le nom de *Cinquième régiment d'État-major.*

Ces régimens marcheront entr'eux, ainsi qu'ils sont dénommés ci-dessus, & avant les régimens d'Infanterie créés depuis le 25 février 1726, époque de l'établissement des Milices.

5.

Le régiment de *Paris*, continuera à être formé & recruté par la voie des engagemens volontaires, ainsi qu'il est prescrit par l'Ordonnance du 1.er février 1775, qui aura son exécution en tout ce qui ne sera point contraire au présent Règlement; & il aura rang après les régimens d'État-major.

6.

Indépendamment de ces régimens, le régiment provincial de *Corse* continuera à rester sur le pied qu'il a été créé & établi par les Ordonnances des 23 août 1772 & 2 juin 1777.

7.

Les soixante-dix-neuf bataillons qui formoient les trente-cinq autres régimens Provinciaux, ainsi que le bataillon que doivent fournir de plus les généralités d'Auch & de Bayonne, seront affectés aux différens régimens d'Infanterie françoise:

Savoir;

Deux bataillons seront attachés au régiment de Sa Majesté, & chacun des autres bataillons, à un régiment, sous le titre de *Bataillon de Garnison;* ils porteront le nom du régiment auquel ils seront attachés.

Les deux bataillons qui formoient le régiment provincial de *Péronne*, seront attachés, le premier au régiment de *Picardie*, & le second au régiment de *Cambresis;* ils seront connus, l'un sous la dénomination de *bataillon de garnison de Picardie*, & l'autre sous celle de *bataillon de garnison de Cambresis.*

Les deux bataillons qui formoient le régiment provincial d'*Abbeville*, seront attachés, le premier au régiment de *Haynault*, & le second au régiment de *Vermandois.*

Les deux bataillons qui formoient le régiment provincial de *Rouen*, seront attachés, le premier au régiment de *Normandie*, & le second au régiment de *Boulonois*.

Les deux bataillons qui formoient le régiment provincial de *Pont-Audemer*, seront attachés, le premier au régiment de *Neustrie*, & le second au régiment de la *Marine*.

Les trois bataillons qui formoient le régiment provincial de *Caen*, seront attachés, le premier au régiment *Dauphin*, le second au régiment de la *Couronne*, & le troisième au régiment de *Penthièvre*.

Les trois bataillons qui formoient le régiment provincial d'*Alençon*, seront attachés, le premier au régiment du *Perche*, le second au régiment de *Beauce*, & le troisième au régiment de *Vexin*.

Les deux bataillons qui formoient le régiment provincial de *Clermont*, seront attachés, le premier au régiment d'*Auvergne*, & le second au régiment de la *Sarre*.

Les deux bataillons qui formoient le régiment provincial de *Montauban*, seront attachés, le premier au régiment de *Rouergue*, & le second au régiment de *Beaujolois*.

Les deux bataillons qui formoient le régiment provincial de *Rhodès*, seront attachés, le premier au régiment de *Lyonnois*, & le second au régiment de *Bourbon*.

Les deux bataillons qui formoient le régiment provincial d'*Auch*, seront attachés, le premier au régiment de *Navarre*, & le second au régiment de *Béarn*.

Le bataillon que doivent fournir de plus les généralités d'*Auch* & de *Bayonne*, sera attaché au régiment de *Foix*.

Les trois bataillons qui formoient le régiment provincial de *Bordeaux*, seront attachés, le premier au régiment de *Guyenne*, le second au régiment d'*Aquitaine*, & le troisième au régiment de *Médoc*.

Les deux bataillons qui formoient le régiment provincial de *Marmande*, seront attachés, le premier au régiment d'*Armagnac*, & le second au régiment d'*Agénois*.

Les deux bataillons qui formoient le régiment provincial de *Périgueux*, seront attachés, le premier au régiment de *Forès*, & le second au régiment de *Bresse*.

Les trois bataillons qui formoient le régiment provincial de *Poitiers*, seront attachés, le premier au régiment de *Poitou*, le second au régiment d'*Angoumois*, & le troisième au régiment de *Saintonge*.

Le bataillon qui seul formoit le régiment provincial de *la Rochelle*, sera attaché au régiment d'*Aunis*.

Les trois bataillons qui formoient le régiment provincial de *Tours*, seront attachés, le premier au régiment de *Touraine*, le second au régiment de la *Reine*, & le troisième au régiment de *Conti*.

Les

Les trois bataillons qui formoient le régiment provincial *du Mans*, ſeront attachés, le premier au régiment du *Maine*, le ſecond au régiment d'*Anjou*, & le troiſième au régiment de *Rohan-Soubiſe*.

Les trois bataillons qui formoient le régiment provincial de *Senlis*, ſeront attachés, le premier aux deux premiers bataillons du régiment *du Roi*, le ſecond au régiment de *Brie*, & le troiſième au régiment de *Beauvoiſis*.

Les deux bataillons qui formoient le régiment provincial de *Mantes*, ſeront attachés, le premier au régiment de l'*Iſle-de-France*, & le ſecond au régiment de *Chartres*.

Les deux bataillons qui formoient le régiment provincial de *Sens*, ſeront attachés, le premier au régiment *Royal*, & le ſecond au régiment de *Bourgogne*.

Les trois bataillons qui formoient le régiment provincial de *Soiſſons*, ſeront attachés, le premier aux deux derniers bataillons du régiment du Roi, le ſecond au régiment de *Soiſſonnois*, & le troiſième au régiment d'*Orléans*.

Les deux bataillons qui formoient le régiment provincial de *Limoges*, ſeront attachés, le premier au régiment de *Bourbonnois*, & le ſecond au régiment de *Limoſin*.

Les deux bataillons qui formoient le régiment provincial de *Blois*, ſeront attachés, le premier au régiment de *Blaiſois*, & le ſecond au régiment de *Nivernois*.

Les deux bataillons qui formoient le régiment provincial de *Montargis*, ſeront attachés, le premier au régiment d'*Auxerrois*, & le ſecond au régiment de *Gâtinois*.

Les deux bataillons qui formoient le régiment provincial de *Rennes*, ſeront attachés, le premier au régiment de *Bretagne*, & le ſecond au régiment de *Monſieur*.

Les deux bataillons qui formoient le régiment provincial de *Nantes*, ſeront attachés, le premier au régiment de *Royal-Vaiſſeaux*, & le ſecond au régiment de *Royal-la-Marine*.

Les deux bataillons qui formoient le régiment provincial de *Vannes*, ſeront attachés, le premier au régiment de *Savoie-Carignan*, & le ſecond au régiment de *la Fère*.

Les deux bataillons qui formoient le régiment provincial de *Nanci*, ſeront attachés, le premier au régiment d'*Auſtraſie*, & le ſecond au régiment de *Lorraine*.

Les deux bataillons qui formoient le régiment provincial de *Bar-le-Duc*, ſeront attachés, le premier au régiment de *Champagne*, & le ſecond au régiment de *Barrois*.

Les deux bataillons qui formoient le régiment provincial d'*Arras*, feront attachés, le premier au régiment de *Flandre*, & le fecond au régiment d'*Artois*.

Les deux bataillons qui formoient le régiment provincial de *Châteauroux*, feront attachés, le premier au régiment de *Baffigny*, & le fecond au régiment de *Berri*.

Les trois bataillons qui formoient le régiment provincial de *Montpellier*, feront attachés, le premier au régiment de *Piémont*, le fecond au régiment de *Royal-Rouffillon*, & le troifième au régiment de *Languedoc*.

Les deux bataillons qui formoient le régiment provincial d'*Alby*, feront attachés, le premier au régiment de *Viennois*, & le fecond au régiment de *Vivarais*.

Les trois bataillons qui formoient le régiment provincial de *Salins*, feront attachés, le premier au régiment de *Condé*, le fecond au régiment de *Royal-Comtois*, & le troifième au régiment d'*Enghien*.

Enfin, les deux bataillons qui formoient le régiment provincial d'*Aix*, feront attachés, le premier au régiment de *Provence*, & le fecond au régiment de *Dauphiné*.

8.

LES bataillons, foit des régimens Provinciaux ou de Garnifon, continueront à être portés à fept cents dix hommes, ainfi qu'il eft prefcrit à l'article 1.er du titre VII du préfent Règlement; & feront chacun divifés en cinq compagnies, dont une de Grenadiers-royaux, à cent dix hommes, & quatre de Fufiliers, à cent cinquante hommes.

9.

CHAQUE compagnie de Grenadiers-royaux & de Fufiliers, foit des régimens Provinciaux ou des bataillons de Garnifon, fera commandée, en temps de paix, par un Capitaine, un Lieutenant & un Sous-lieutenant; & compofée de deux Sergens, quatre Caporaux, cent deux Grenadiers ou cent quarante-deux Fufiliers & deux Tambours; il y aura de plus un Porte-drapeau par bataillon: Sa Majefté fe réferve, en temps de guerre, d'ordonner l'augmentation des Officiers & bas Officiers qui feront néceffaires.

10.

CHACUN des treize régimens Provinciaux y compris celui de Paris, fera commandé par un Colonel, un Lieutenant-colonel & un Major; & chacun des quatre-vingts bataillons de Garnifon fera commandé par un Commandant de bataillon.

11.

LES compagnies de Grenadiers-royaux des quatre-vingts bataillons de Garnifon, attachés à l'Infanterie, ne feront partie de leur bataillon qu'en temps de paix feulement; mais lorfqu'elles feront dans le cas d'être détachées pour marcher en campagne, elles formeront huit régimens de Grenadiers-royaux, de dix compagnies chacun.

12.

LESDITS régimens de Grenadiers-royaux feront compofés des compagnies de Grenadiers ci-après:

Le premier régiment, qui portera le nom de *Grenadiers-royaux de la Normandie,* fera compofé des compagnies de Grenadiers-royaux des deux bataillons provinciaux de *Rouen,* des deux de *Pont-Audemer,* des trois de *Caen* & des trois d'*Alençon.*

Le deuxième régiment, qui portera le nom de *Grenadiers-royaux de la Guyenne,* fera compofé des compagnies de Grenadiers-royaux des deux bataillons provinciaux de *Montauban,* des trois d'*Auch,* des deux de *Marmande* & des trois de *Bordeaux.*

Le troifième régiment, qui portera le nom de *Grenadiers-royaux du Poitou,* fera compofé des compagnies de Grenadiers-royaux des deux bataillons provinciaux de *Périgueux,* des deux de *Limoges,* des deux de *Châteauroux,* des trois de *Poitiers* & de celui de la *Rochelle.*

Le quatrième régiment, qui portera le nom de *Grenadiers-royaux de l'Isle-de-France,* fera compofé des compagnies de Grenadiers-royaux des deux premiers bataillons de *Senlis,* des deux de *Mantes,* des deux premiers bataillons du *Mans,* des deux de *Blois* & des deux de *Montargis.*

Le cinquième régiment, qui portera le nom de *Grenadiers-royaux de la Bretagne,* fera compofé des compagnies de Grenadiers-royaux des trois bataillons provinciaux de *Tours,* des deux de *Nantes,* des deux de *Vannes,* des deux de *Rennes* & du dernier bataillon du *Mans.*

Le fixième régiment, qui portera le nom de *Grenadiers-royaux de la Lorraine,* fera compofé des compagnies de Grenadiers-royaux des deux bataillons provinciaux de *Nanci*, des deux de *Bar-le-Duc*, des deux *Sens*, des trois de *Salins* & du premier bataillon de *Clermont*.

Le septième régiment, qui portera le nom de *Grenadiers-royaux de l'Artois*, sera composé des compagnies de Grenadiers-royaux des deux bataillons provinciaux d'*Arras*, des deux d'*Abbeville*, des deux de *Péronne*, des trois de *Soissons* & du dernier bataillon de *Senlis*.

Le huitième régiment, qui portera le nom de *Grenadiers-royaux du Languedoc*, sera composé des compagnies de Grenadiers-royaux des deux bataillons provinciaux d'*Aix*, des trois de *Montpellier*, des deux d'*Alby*, des deux de *Rhodès* & du dernier bataillon de *Clermont*.

13.

CHACUN de ces régimens de Grenadiers-royaux, sera divisé en deux bataillons, les compagnies seront rangées dans le bataillon, & les bataillons dans le régiment, suivant le rang du régiment auquel seront attachés leurs bataillons respectifs.

Ces régimens n'auront point de drapeaux.

Sa Majesté se réserve de nommer, en temps de guerre seulement, les Officiers supérieurs qui devront composer l'État-major de chacun de ces régimens, ainsi qu'un Chirurgien & un Aumônier.

14.

LESDITS régimens de Grenadiers-royaux, précèderont les régimens Provinciaux, ainsi que tous les autres régimens créés depuis le 25 février 1726.

15.

LES compagnies de Grenadiers-royaux des régimens Provinciaux d'Artillerie & d'État-major resteront toujours attachées à leur régiment, elles n'en seront séparées que lorsqu'il sera nécessaire de les détacher pour quelques expéditions.

16.

TOUTES les compagnies de Grenadiers-royaux seront recrutées, dans tous les temps, par leurs bataillons respectifs.

TITRE II.

TITRE II.

Nomination aux Emplois.

ARTICLE PREMIER.

LES Officiers réformés des treize régimens Provinciaux, rétablis par ce Règlement, feront rappelés & remplacés par préférence, dans les mêmes régimens.

2.

LES Officiers réformés, depuis le Lieutenant-colonel jufqu'au Sous-lieutenant, des trente-cinq autres régimens Provinciaux, dont les bataillons, par ce Règlement, fe trouvent rétablis & attachés aux différens régimens d'Infanterie, feront de même rappelés & remplacés dans leur bataillon; mais Sa Majefté ne voulant employer dans lefdits régimens Provinciaux & bataillons de Garnifon, que les fujets dont la capacité & le zèle foient reconnus, Elle déclare qu'Elle fera des plus réfervée pour le choix, qui s'étendra également fur ceux des Officiers réformés ou retirés de l'Infanterie avec des penfions.

3.

LES Lieutenans-colonels & Majors, qui feront remplacés dans les différens bataillons de Garnifon, auront chacun le commandement d'un bataillon, fous le titre de *Commandant de bataillon.*

4.

LORSQUE les Officiers réformés des Troupes provinciales, auront été remplacés, les emplois, dans chacun des bataillons de Garnifon, feront deftinés, par forme de première retraite, aux anciens Officiers des régimens d'Infanterie, obligés par leur fanté ou leur âge, à préférer un fervice moins actif.

Les Officiers qui seront d'une autre province que celle du bataillon attaché à leur régiment, auront le choix de passer dans celui des bataillons de leur province, qui se trouvera le plus rapproché de leur domicile.

5.

LES places de Sergens & Caporaux ne pouvant être occupées par les Soldats-provinciaux dont le peu de service & d'expérience, en temps de paix, ne les rendent point susceptibles, seront de même destinées, par forme de première retraite, aux anciens bas Officiers des différens régimens d'Infanterie, les plus instruits dans toutes les parties du service, & les plus en état de dresser les Soldats en cas de rassemblement.

Ces bas Officiers auront de même le choix de passer dans celui des bataillons de leur province où ils desireront se fixer.

6.

LES places d'Officiers & de bas Officiers dans les régimens Provinciaux d'Artillerie & d'État-major, ainsi que dans toutes les compagnies de Grenadiers-royaux des bataillons de Garnison, seront de même destinées aux Officiers & bas Officiers tirés des différens régimens, mais susceptibles encore d'un service actif: Se réserve néanmoins Sa Majesté de disposer de ces emplois, ainsi qu'Elle le jugera à propos.

TITRE III.

Appointement, Solde & tout autre Traitement.

ARTICLE PREMIER.

SA MAJESTÉ a réglé que les appointemens & solde des régimens Provinciaux & bataillons de Garnison leur seroient payés pendant le temps de leur assemblée sur le pied:

SAVOIR;

	APPOINTEMENS ET SOLDE						
	PAR JOUR.			PAR MOIS.			PAR AN.
***ÉTAT-MAJOR** des régimens Provinciaux.*							
À chaque Colonel.	5#	11s	1d 1/3	166#	13s	4d	2000#
À chaque Lieutenant-colonel.	5.	//	//	150.	//	//	1800.
À chaque Major.	4.	3.	4	125.	//	//	1500.
À chaque Porte-drapeau.	1.	13.	4	50.	//	//	600.
***ÉTAT-MAJOR** des Bataillons de Garnison.*							
À chaque Commandant de bataillon. . . .	4.	8.	10 2/3	133.	6.	8	1600.
À chaque Porte-drapeau.	1.	13.	4	50.	//	//	600.
Compagnies.							
À chaque Capitaine.	3.	10.	//	105.	//	//	1260.
À chaque Lieutenant.	2.	//	//	60.	//	//	720.
À chaque Sous-lieutenant.	1.	13.	4	50.	//	//	600.
À chaque Sergent de Grenadiers.	//	15.	4	23.	//	//	276.
À chaque Sergent de Fusiliers.	//	13.	4	20.	//	//	240.
À chaque Caporal de Grenadiers.	//	10.	4	15.	10.	//	186.
À chaque Caporal de Fusiliers.	//	9.	4	14.	//	//	168.
À chaque Grenadier.	//	7.	4	11.	//	//	132.
À chaque Fusilier.	//	6.	4	9.	10.	//	114.
À chaque Tambour de Grenadiers.	//	9.	4	14.	//	//	168.
À chaque Tambour de Fusiliers.	//	8.	4	12.	10.	//	150.

2.

SA MAJESTÉ veut bien accorder à chaque Commandant de bataillon, & à chaque Major, outre le traitement qui leur est réglé ci-dessus, cent vingt livres par an pour leur tenir lieu de frais de bureau, & les dédommager des ports de lettres.

3.

LESDITS régimens Provinciaux & bataillons de Garnison, seront payés des appointemens & solde ci-dessus réglés pendant le temps de leur assemblée seulement, & lorsque lesdites Troupes tiendront garnison; les Tambours, au moyen de leur paye, entretiendront leur caiſſe de peaux, de cordages, & ſe fourniront de baguettes.

4.

TOUS les Officiers des régimens Provinciaux, & des régimens des Grenadiers-royaux, toucheront, en temps de guerre, la même paye que celle réglée pour toute l'Infanterie, & ce à commencer du jour de leur arrivée à l'armée; mais ceux qui demeureront en garniſon pendant la guerre, n'auront que la paye fixée ci-deſſus.

5.

LA retenue des quatre deniers pour livre de la ſolde des Officiers, bas Officiers, Grenadiers, Soldats & Tambours, pendant les temps d'aſſemblée, ſera au compte du Roi; au moyen de quoi le montant en ſera mis en ſus dans les décomptes de ſubſiſtance qui ſeront faits pour le temps d'aſſemblée; mais lorſque les circonſtances exigeront que les Troupes provinciales tiennent garniſon ou ſervent aux armées, il ſera pourvu à ladite retenue au moyen d'une Maſſe de ſix livres par homme qui ſervira, tant pour les menues réparations, que pour ladite retenue des quatre deniers pour livre.

Les Commandans des régimens Provinciaux, & des bataillons de Garniſon, rendront compte, chaque année, de cette Maſſe à l'Officier général qui ſera chargé de l'inſpection deſdites Troupes.

6.

LES Officiers qui compoſent l'État-major de chacun des régimens Provinciaux, ainſi que les Commandans des bataillons de Garniſon, à la réſerve des Porte-drapeaux, ſeront payés toute l'année des appointemens qui leur ſont réglés en garniſon.

7.

ENTEND Sa Majeſté, que tous les autres Officiers deſdits régimens Provinciaux & bataillons de Garniſon, reçoivent, indépendamment de leurs appointemens, lors des aſſemblées, un un mois desdits appointemens pour les dédommager des frais de voyage, pour se rendre au quartier d'assemblée; & un autre mois, après ladite assemblée, pour leur faciliter les moyens de se retirer chez eux.

8.

SA MAJESTÉ voulant avoir égard aux anciens services des Officiers qui passeront des régimens d'Infanterie dans les Troupes provinciales, a réglé qu'il sera accordé outre la gratification de deux mois d'appointemens ci-dessus, une pension de récompense à chacun de ceux qui auront précédemment servi vingt-cinq ans: savoir; à chaque Capitaine, sept cents quatre-vingts livres; à chaque Lieutenant, quatre cents huit livres; & à chaque Sous-lieutenant & Porte-drapeau, deux cents cinquante-deux livres, pour leur tenir lieu de paye pendant que les régimens & bataillons seront dispersés dans les provinces.

9.

CEUX des Officiers déjà retirés avec des pensions qui, par le desir de continuer leurs services, auront obtenu de l'emploi dans les Troupes provinciales, conserveront les mêmes pensions que Sa Majesté a bien voulu leur accorder, lesquelles pensions leur tiendront lieu du traitement ci-dessus.

10.

LES Officiers qui n'auront point servi dans les régimens d'Infanterie, ou qui n'y auront point rempli le temps prescrit ci-dessus, jouiront cependant, après vingt-cinq ans de service révolus, soit partie dans l'Infanterie & les Troupes provinciales, ou seulement dans les Troupes provinciales, d'une pension de récompense : savoir; les Capitaines, quatre cents cinquante livres; les Lieutenans, trois cents livres, & les Sous-lieutenans & Porte-drapeau, deux cents quatre livres, que Sa Majesté veut bien leur accorder, indépendamment des deux mois d'appointemens réglés par l'*article 8.*

11.

LES bas Officiers qui, par la distinction de leurs services, seront parvenus au grade d'Officier, participeront à la récompense mentionnée dans l'article précédent, lorsque, dans le nombre des vingt-cinq années ou plus de leurs ſervices, il s'en trouvera dix en qualité d'Officier.

12.

LES traitemens réglés par les *articles 8, 9 & 10 du préſent Titre*, ainſi que les appointemens des Officiers ſupérieurs des États-majors des régimens Provinciaux & bataillons de Garniſon, ſeront payés tous les ſix mois en conſéquence des ordres qui en ſeront donnés par le Secrétaire d'État de la guerre; & il ſera déduit, ſur les penſions de récompenſe & penſions de retraite, le temps de l'aſſemblée pendant laquelle les Officiers doivent être payés des appointemens attribués à leur grade.

13.

SA MAJESTÉ veut bien conſerver aux Fourriers ou Sergens des régimens Provinciaux, qui ont monté à l'emploi d'Officier, le traitement qu'Elle leur a précédemment accordé, & qu'ils en ſoient payés ſur les ordres des Intendans, à raiſon de quinze ſous par jour, pour ceux deſdits Fourriers ou Sergens qui ſont Lieutenans, & de vingt ſous auſſi par jour, pour ceux qui ont été pourvus de Compagnies, ou ont obtenu la commiſſion de Capitaine, juſqu'à ce qu'ils ſoient remplacés dans leſdits emplois, & qu'ils y aient obtenu, par l'ancienneté de leurs ſervices, les penſions de récompenſe réglées par les *articles 8 & 10 du préſent Titre.*

14.

VEUT auſſi, Sa Majeſté, que les Sergens & Caporaux des Troupes provinciales, reçoivent indépendamment de leur paye, lors des aſſemblées, un mois de ladite paye, pour être employée à leur linge & chauſſure, & aux frais de voyage que leur occaſionnera l'aſſemblée.

15.

SA MAJESTÉ ſupprime les hautes-payes mentionnées à l'*article 10* de l'Ordonnance du premier décembre 1774, pour l'ancienneté de ſervice, ainſi que la petite ſolde des bas Officiers & Grenadiers; mais voulant cependant avoir égard aux ſervices deſdits bas Officiers, Elle a réglé que ceux qui auroient précédemment ſervi ſeize ans dans l'Infanterie, ou vingt-quatre ans dans les Troupes provinciales, jouiroient, outre le mois de paye ci-deſſus, des récompenſes militaires accordées par l'Ordonnance du 25 mars 1776: ſavoir; les Sergens de Grenadiers, cent quatre-vingts livres; les Sergens de Fuſiliers, cent ſoixante-huit livres; les Caporaux de Grenadiers, cent vingt-ſix livres; & les Caporaux de Fuſiliers, cent vingt livres, dont le décompte leur ſera fait tous les ans, en déduiſant le temps de l'aſſemblée, pendant laquelle leſdits bas Officiers doivent être payés de leur ſolde.

A l'égard des bas Officiers qui n'auront pas aſſez d'ancienneté pour jouir deſdites récompenſes, Sa Majeſté veut bien, pour les dédommager de la petite ſolde qu'Elle a ſupprimée, leur accorder, outre le mois de paye ci-deſſus, une gratification chaque année : ſavoir; aux Sergens de Grenadiers & de Fuſiliers, trente-ſix livres; aux Caporaux de Grenadiers & de Fuſiliers, vingt-quatre livres; & aux Tambours de Grenadiers, dix-huit livres, dont le décompte leur ſera pareillement fait tous les ans, en déduiſant le temps de l'aſſemblée.

16.

Il ne ſera fait en temps de paix aucune retenue de *Seize & Huit deniers*, pour raiſon de linge & chauſſure; elle n'aura lieu que pendant la guerre, & lorſque les régimens Provinciaux & bataillons de Garniſon ſeront raſſemblés, ſoit pour marcher en campagne, ou pour tenir garniſon, & ce conformément à ce qui eſt réglé pour toute l'Infanterie.

17.

Les Officiers des Troupes provinciales, qui, après avoir ſervi trente-cinq ans, ſe trouveront par leur âge, l'épuiſement des forces, leurs bleſſures ou leurs infirmités, hors d'état de continuer leurs ſervices, conſerveront les appointemens ou penſions de récompenſe qui leur ſont réglés, lorſque les bataillons ſont diſperſés dans les provinces.

A l'égard de ceux des Officiers qui parviendront à

quarante ans de ſervice ſans interruption volontaire, & bien conſtatés, Sa Majeſté veut bien leur accorder, en les continuant; ſavoir, aux Lieutenans-colonels, aux Commandans de bataillons & aux Majors, un ſixième en ſus de leurs appointemens; & aux Capitaines & Lieutenans, un tiers en ſus de la penſion de récompenſe qui leur eſt réglée, lequel traitement leur ſera conſervé lorſqu'ils deſireront ſe retirer.

18.

LES Sergens & Caporaux des Troupes provinciales, qui ſeront reconnus dans l'impoſſibilité de continuer leurs ſervices, ſeront admis à l'Hôtel royal des Invalides, lorſqu'il y aura des places vacantes, & en attendant jouiront des penſions de récompenſes militaires fixées pour toute l'Infanterie, par l'Ordonnance d'Adminiſtration du 25 mars 1776.

TITRE IV.

Habillement, Équipement & Armement.

ARTICLE PREMIER.

L'HABIT des Officiers & Soldats des régimens Provinciaux & bataillons de Garniſon, ſera, ainſi qu'il a été réglé précédemment, de drap blanc, de même que la veſte & la culotte, & doublure blanche.

L'habit façonné comme il eſt réglé pour toute l'Infanterie, quant aux poches, manches & collet, aura des revers blancs, garnis de ſix petits boutons de deux en deux, le collet & les paremens ſeront bleus.

2.

LES boutons des bataillons de Garniſon ſeront blancs, & timbrés du même numéro que celui du régiment auquel ils ſeront attachés.

Les boutons des régimens Provinciaux, attachés à l'Artillerie, ſeront également blancs, timbrés d'un canon & du numéro du rang qu'ils ont entr'eux.

Les

Les régimens Provinciaux affectés à l'Etat-major de l'Armée, auront en blanc le même bouton que celui du Génie: Ils seront en outre timbrés au bas de l'écusson, du numéro que ces régimens ont entr'eux.

Le régiment de *Paris* aura le bouton timbré des armes de la ville de Paris.

3.

LES boutons des Officiers & des Grenadiers-royaux des bataillons de Garnison, seront en outre timbrés d'une grenade au milieu, gaudronnés de cinq fleurs-de-lys à distances égales, & d'une chaînette intermédiaire, il y sera ajouté le numéro du rang que les régimens de Grenadiers-royaux ont entr'eux; ce numéro sera plus petit, & placé au-dessous du premier.

Les Officiers de l'État-major des régimens de Grenadiers-royaux n'auront sur leurs boutons, qui seront façonnés de même, aucun numéro.

4.

A l'égard des Grenadiers-royaux des régimens attachés à l'Artillerie & à l'État-major de l'Armée, ils auront les boutons façonnés de même, avec cette différence qu'il n'y aura que le numéro de leur régiment.

Les Grenadiers du régiment de *Paris* auront sur leurs boutons, outre les armes de la Ville, un entourage de cinq fleurs-de-lys, avec une grenade au bas de l'écusson.

5.

LE chapeau sera conforme au modèle réglé pour toute l'Infanterie.

6.

LES Officiers des régimens de Grenadiers-royaux, & les Grenadiers auront une épaulette distinctive;

SAVOIR:

Ceux du régiment de Grenadiers-royaux de la *Normandie*, une épaulette de couleur noire.

Ceux de la *Guyenne*, une épaulette de couleur rouge & bleue.

Ceux du *Poitou*, de couleur rouge-garence.

Ceux de l'*Isle de France*, de couleur bleue.

Ceux de la *Bretagne*, de couleur violette.

Ceux de la *Lorraine*, de couleur aurore.

Ceux de l'*Artois*, de couleur verte.

Et ceux du *Languedoc*, de couleur rouge & noire.

7.

LESDITS régimens de Grenadiers-royaux, ainsi que les régimens Provinciaux & bataillons de Garnison, se conformeront, pour les marques distinctives attribuées aux différens grades, à ce qui est réglé pour l'Infanterie.

8.

SA MAJESTÉ supprime les marques distinctives pour les Soldats-provinciaux, voulant cependant que les Sergens & Caporaux desdites Troupes qui auront précédemment servi seize ans dans l'Infanterie, participent à la décoration des deux épées en sautoir, à la même époque que celle réglée pour toute l'Infanterie; & que ceux qui n'auroient point rempli ces conditions, en soient décorés cinq ans plus tard.

9.

IL sera ajouté aux drapeaux de chacun des régimens Provinciaux & bataillons de Garnison, dans le carré supérieur & extérieur, les mêmes dessins & couleurs que ceux des drapeaux du régiment auquel ils seront attachés.

Les drapeaux du régiment de *Paris*, seront ornés des armes de la ville de Paris.

Les régimens Provinciaux de l'État-major de l'Armée, conserveront leurs drapeaux tels qu'ils sont.

10.

IL sera fourni par les paroisses à chaque Grenadier-royaux, au nombre effectif de chaque compagnie, un chapeau, une veste, une paire de souliers, une paire de guêtres, deux chemises, un col noir, un ruban de queue & un havre-sac;

le tout conforme, tant pour les qualités que pour les façons, aux modèles qui seront adressés aux Intendans par le Secrétaire d'État de la guerre.

La même fourniture sera faite aux Soldats-provinciaux, lorsqu'il plaira à Sa Majesté de les rassembler pour tenir garnison; mais voulant alléger la dépense qu'elle occasionneroit aux paroisses, Elle trouve bon pour cette première assemblée, que ladite fourniture soit réduite, pour chacun desdits Soldats, à un chapeau, une paire de souliers, une paire de guêtres, un col noir & un ruban de queue.

11.

Le petit équipement détaillé dans l'article précédent, sera fourni aux Grenadiers-royaux & Soldats-provinciaux, pour se rendre à l'assemblée, que Sa Majesté a fixée au premier de Juin prochain, après laquelle les Grenadiers laisseront leur chapeau & leur veste, & les Soldats leur chapeau, pour être remis dans les magasins, & être entretenus & renouvelés aux frais desdites paroisses, en vertu des ordres qui en seront donnés par les Intendans.

Il sera aussi fourni tous les ans, par les paroisses, à chaque Grenadier-royaux, une paire de souliers, une chemise, un col noir & un ruban de queue, lorsqu'ils devront se rendre à l'assemblée pour la revue.

12.

Sa Majesté donnera des ordres pour faire fournir aux Grenadiers-royaux l'équipement & l'armement nécessaire, ainsi que des sabres.

TITRE V.

De l'Assemblée des Régimens & Bataillons Provinciaux.

Article premier.

L'assemblée des Troupes provinciales, telles qu'elles étoient établies par l'Ordonnance du 1.er décembre 1774, aura lieu le 1.er Juin prochain; entend à cet effet Sa Majesté, que les cent cinq bataillons dont lesdites Troupes sont composées, soient assemblés dans leurs quartiers à cette époque, ainsi que le premier sixième du bataillon que les généralités d'Auch & de Bayonne doivent fournir de plus, conformément à ce qui est réglé par l'*article premier* du *Titre I.er* du présent Règlement.

2.

SA MAJESTÉ donnera ses ordres pour qu'il se trouve à l'avance, au lieu d'assemblée, des Commissaires des guerres, pour y faire préparer les logemens & les subsistances nécessaires, y recevoir & faire loger lesdits Soldats-provinciaux à mesure qu'ils y arriveront, faire délivrer les caisses aux Tambours, & drapeaux aux Commandans des régimens Provinciaux & bataillons de Garnison.

3.

SA MAJESTÉ fera rendre pareillement auxdits quartiers d'assemblée, les Officiers qu'Elle a choisis pour commander, & être employés dans lesdits régimens & bataillons Provinciaux. Les Colonels & Commandans de bataillon, informeront du jour & du lieu de l'assemblée, les Officiers qui devront être employés.

4.

L'INTENTION de Sa Majesté étant que tous les Soldats des levées précédentes, se rendent à l'assemblée indiquée, ainsi que ceux de nouvelle levée, les Intendans adresseront les mandemens qu'ils expédieront pour les Soldats desdits tirages, aux brigades de Maréchaussée, lesquelles seront chargées de les remettre à chaque Soldat, & en l'absence de l'un d'eux, aux Maires, Échevins, Consuls, Syndics ou Marguilliers, qui en donneront leur reçu, & leur soumission d'avertir & de tenir la main à ce que ledit Soldat se trouve au quartier d'assemblée le jour qui sera prescrit.

5.

IL sera payé Deux sous par lieue que chaque Grenadier

&

& Soldat aura à faire, tant pour se rendre au quartier d'assemblée, que pour retourner chez lui; mais ceux qui n'auront que quatre lieues à faire pour se rendre audit quartier, n'auront point de part à la distribution desdits Deux sous.

6.

CHAQUE Soldat sera porteur du mandement qu'il aura reçu pour se rendre au quartier d'assemblée; il le présentera à son arrivée au Commissaire des guerres, qui lui délivrera son billet de logement.

7.

CETTE assemblée générale ayant pour objet de constater le rétablissement des Troupes provinciales, de procéder à la nouvelle composition des régimens Provinciaux & bataillons de Garnison, & de leur assigner la destination qui leur est prescrite par le présent Règlement; les Officiers généraux qui seront chargés de cette opération, diviseront chaque bataillon en cinq compagnies, dont une de Grenadiers-royaux, laquelle sera complétée par les Grenadiers-provinciaux, dont les compagnies n'auront plus lieu.

La compagnie de Grenadiers-royaux de chaque bataillon, sera, dans tous les temps, formée des plus beaux hommes, & les plus propres à ce genre de service; & si le nombre d'hommes, avec les qualités nécessaires pour être admis dans ladite compagnie, n'étoit point suffisant, elle ne seroit point complétée.

Le nombre d'hommes dont chaque bataillon se trouvera composé, déterminera toujours celui où chaque compagnie, soit de Grenadiers ou de Fusiliers, devra être portée, & ce, relativement à ce qui est réglé à l'*article 8 du Titre I.er* du présent Règlement.

Lesdits Officiers généraux attacheront ensuite les Officiers & bas Officiers aux différentes compagnies, suivant leur ancienneté, & règleront la place que chaque compagnie devra occuper dans le bataillon.

8.

Si quelques-uns des hommes levés par le ſort, ou ſubſtitués, n'étoient pas jugés propres au ſervice, par l'Officier général, lors de ſa revue, ſoit par défaut de taille, fixée à cinq pieds au moins, ſans chauſſure, ſoit par défectuoſité ou infirmités, ledit Officier général les réformeroit, & il ſeroit pourvu par l'Intendant au remplacement deſdits hommes, d'après l'état qui lui en ſeroit adreſſé.

9.

Sa Majesté ayant réglé qu'aucun Soldat ne pourroit être retenu dans ſes Troupes provinciales au-delà de ſix ans, terme de ſon ſervice, ſon intention eſt qu'il ſoit expédié des congés abſolus à ceux qui ſe trouveront avoir rempli le temps preſcrit ; leſquels congés ſeront expédiés au premier moment de l'aſſemblée, ils ſeront ſignés par le Colonel & le Major des régimens; & dans les bataillons de Garniſon, par le Commandant de bataillon, approuvés par l'Officier général, & viſés par le Commiſſaire des guerres: l'Intendant leur délivrera en même temps une ordonnance pour les faire jouir des exemptions & priviléges qui leur ſont accordés à la ſuite de leur ſervice.

10.

Les Commiſſaires des guerres inſcriront ſur les regiſtres qui leur ſeront adreſſés par l'Intendant, le nom des hommes qui compoſeront chaque compagnie, obſervant l'ordre des différentes levées, ces contrôles contiendront le ſignalement exact de chaque homme, ſon âge, le lieu de ſa naiſſance, le nom de la Paroiſſe pour laquelle il ſert, avec celui de la Subdélégation; ces regiſtres ſeront ſignés par le Commandant & le Major du régiment, ou Commandant de bataillon de Garniſon, & par le Commiſſaire des guerres; l'un reſtera entre les mains dudit Commandant, & l'autre ſera envoyé par le Commiſſaire des guerres, après l'aſſemblée, à l'Intendant, qui le fera tranſcrire, & l'adreſſera enſuite au Secrétaire d'État de la guerre.

11.

POUR former ces contrôles avec plus d'exactitude, les Intendans adresseront auxdits Commissaires des guerres, quelques jours avant l'assemblée:

1.° L'état signalé des hommes des levées précédentes à l'Ordonnance du 1.er décembre 1774, dont les services ont été prorogés.

2.° L'état signalé des hommes levés en vertu de ladite Ordonnance du 1.er décembre 1774, en faisant mention de ceux qui seroient tenus de continuer leur service pour cause de désertion.

3.° Enfin, l'état des hommes des différentes levées, qui ont été engagés dans les Troupes, & qui n'ont point été rendus à leurs Bataillons.

12.

LE Commissaire des guerres dressera ensuite un état des Soldats qui auront été réformés par l'Officier général, de ceux qui ne se seront pas rendus au quartier d'assemblée, & de ceux qui auront déserté dudit quartier d'assemblée: cet état sera signé du Commandant & du Major du régiment Provincial, ou Commandant de bataillon de Garnison & du Commissaire des guerres; il en sera fait quatre, l'un desquels sera adressé au Secrétaire d'État de la guerre, un à l'Intendant; il en sera remis un au Commandant du régiment Provincial ou bataillon de Garnison, & le Commissaire des guerres en conservera un, pour y avoir recours au besoin.

13.

L'INTENTION de Sa Majesté est que ledit Commissaire des guerres dresse un procès-verbal de la nouvelle composition du régiment Provincial ou bataillon de Garnison, auquel il sera joint un résumé des différentes opérations ordonnées ci-dessus, pour être adressé au Secrétaire d'État de la guerre, & qu'il en soit remis un double à l'Intendant de la province.

14.

LES Commissaires des guerres feront prêter serment à tous

les Soldats qui joindront pour la première fois les Drapeaux. On battra un ban.

DE PAR LE ROI.

SOLDATS, LEVEZ LA MAIN:

Vous jurez & promettez d'obéir aux ordres de vos Officiers & bas Officiers, en tout ce qui concernera le ſervice de Sa Majeſté: Que vous ne quitterez jamais votre Troupe, & que voulant ſervir le Roi avec honneur & fidélité, vous n'abandonnerez jamais vos Drapeaux.

Après le ſerment on fermera le ban.

15.

SA MAJESTÉ fera connoître ſes intentions, ſur le nombre de jours qu'Elle jugera à propos de tenir ſes Troupes provinciales aſſemblées, après leſquels elles ſeront ſéparées, & les Grenadiers, Fuſiliers & Tambours renvoyés chez eux; ſe réſervant Sa Majeſté de donner des ordres particuliers pour ce qui concerne le régiment de Paris.

16.

LES Commiſſaires des guerres, avant le départ deſdits régimens & bataillons, auront attention de faire lecture, aux Grenadiers & Soldats, des différens articles des Ordonnances qu'ils ne doivent point ignorer; & de faire viſiter, par les Médecins ou Chirurgiens des Hôpitaux de Sa Majeſté, ou à leur défaut, par ceux des Places, ceux deſdits Grenadiers ou Soldats qui ſeroient ſoupçonnés de maladies vénériennes, ou attaqués de ſcorbut, afin de pourvoir à leur guériſon, en les laiſſant à l'Hôpital du lieu, ou en les faiſant paſſer à l'Hôpital le plus à portée, d'après les ordres de Sa Majeſté, qui ſeront expédiés ſur l'état qui en ſera envoyé au Secrétaire d'État de la guerre.

17.

LES Officiers généraux adreſſeront au Secrétaire d'État de la guerre, l'extrait de la revue des régimens Provinciaux & bataillons de Garniſon, dont l'inſpection leur aura été confiée;

confiée; ils rendront compte de la qualité des hommes, de la composition en Officiers, de l'esprit de corps, & de tous les objets relatifs au service.

TITRE VI.

De l'Assemblée annuelle des Compagnies de Grenadiers-royaux.

ARTICLE PREMIER.

SA MAJESTÉ ne voulant assujettir à aucun déplacement, les hommes destinés par le sort à servir dans les Troupes provinciales, ni priver les campagnes de leurs Cultivateurs, que le moins possible, a réglé qu'après la première assemblée qui doit constater le rétablissement & la destination des différens régimens & bataillons Provinciaux, il n'y auroit d'assemblée générale que dans le cas où la défense de son royaume pourroit l'exiger.

2.

LES compagnies de Grenadiers-royaux des bataillons de Garnison, devant être les premières prêtes à marcher dans le besoin, seront assemblées, à l'époque qui sera déterminée, ainsi que celles des régimens Provinciaux, tous les ans pendant un mois, plus ou moins, ainsi qu'il plaira à Sa Majesté d'en ordonner, tant pour s'assurer de leur existence & bonne composition par une revue, que pour les exercer, les instruire à toutes les parties du service, & y établir l'esprit desirable.

3.

SI dans le nombre des Grenadiers-royaux qui composeront chaque compagnie, il s'en trouvoit qui ne soient pas propres à ce genre de service, soit par défaut de taille ou relâchement dans les bonnes mœurs, le Commandant du régiment ou du bataillon, en rendra compte à l'Officier général chargé de l'inſpection; pour, d'après ſes ordres, & l'état qui en ſera adreſſé à l'Intendant par le Commiſſaire des guerres, faire repaſſer leſdits hommes dans les compagnies de Fuſiliers, & les remplacer par d'autres.

4.

Les Officiers, Sergens & Caporaux ſeulement, de toutes les compagnies de Fuſiliers, ſe rendront également à l'aſſemblée des Grenadiers de leur bataillon, pour profiter des inſtructions, y exercer, & ſe tenir toujours en état de former promptement les Soldats en cas de raſſemblement.

5.

Ces aſſemblées particulières des compagnies de Grenadiers, des Officiers & bas Officiers de Fuſiliers, ſe feront dans les garniſons ou autres villes déſignées, les plus à portée du quartier d'aſſemblée de différens régimens ou bataillons, d'après les ordres qui en ſeront expédiés à cet effet; l'intention de Sa Majeſté étant de leur faire prendre promptement le bon eſprit & l'inſtruction néceſſaires au bien de ſon ſervice.

6.

Les Officiers & bas Officiers, dont les régimens ſont attachés aux régimens d'Artillerie, & ceux dont les bataillons ſont attachés aux différens régimens d'Infanterie, travailleront, pendant le temps de cette aſſemblée, à faire des recrues & à les exercer, pour les faire paſſer enſuite au régiment auquel ils ſont attachés.

7.

Les recrues que les Officiers & bas Officiers feront avant l'aſſemblée, y ſeront conduites, & jouiront également de deux ſous par lieue qu'elles auront à faire pour s'y rendre, ainſi que de la ſolde réglée pour les Soldats-provinciaux pendant le temps qu'ils reſteront à l'aſſemblée. Les Commandans des régimens Provinciaux & bataillons de Garniſon, rendront compte au Secrétaire d'État de la guerre, avant la fin de chaque aſſemblée, du nombre de recrues qu'ils auront faits, Sa Majeſté voulant juger du zèle qu'ils montreront à cet égard. Leſdits hommes de recrues ſeront conduits par un ou pluſieurs bas Officiers, ſuivant le nombre, aux régimens pour leſquels ils auront été engagés, au moyen de deux ſous par lieue; il ſera prononcé ſur la deſtination des recrues qui ſeroient trop éloignées de leurs régimens.

8.

DÉFEND expreſſément Sa Majeſté, d'incorporer les Soldats des régimens Provinciaux & des bataillons de Garniſon, ſous quelque prétexte que ce puiſſe être, tant dans les régimens auxquels leſdits régimens Provinciaux & bataillons de Garniſon ſeront attachés, que dans tout autre régiment.

9.

TOUTES les dépenſes, pour frais de recrues, frais de deux ſous par lieue pour leur route, ainſi que le prix de leur engagement, ſeront rembourſées au régiment Provincial ou bataillon de Garniſon, ſur la Maſſe du régiment qui les recevra.

10.

L'INTENTION de Sa Majeſté eſt que les Colonels, Lieutenans-colonels, Majors & Commandans de bataillon de ſes Troupes provinciales, reſtent, après l'aſſemblée, un mois de plus dans la garniſon, ou ſe rendent dans telle autre qu'ils jugeront à propos de choiſir, pour y aſſiſter aux différens exercices des régimens d'Infanterie de ladite garniſon, & prendre connoiſſance de tout ce qui eſt relatif au ſervice: Enjoint Sa Majeſté aux Commandans pour ſon ſervice dans leſdites Places, de rendre compte exactement au Secrétaire d'État de la guerre, du temps que leſdits Officiers y ſeront demeurés, afin qu'Elle ſoit informée de l'exécution de ſa volonté à cet égard.

11.

LES bataillons de Garniſon étant particulièrement deſtinés, en temps de guerre, à garder les Places & les Frontières, ſerviront de dépôt à leurs régimens reſpectifs pour tous les objets d'entretien & de réparations, ainſi que pour y recevoir, faire & exercer les recrues.

Le Commandant de chacun de ces bataillons, entretiendra à cet effet une correſpondance avec le Commandant dudit régiment, relativement à ces différens objets, & n'épargnera aucun ſoin pour tout ce qui pourra intéreſſer le ſervice de Sa Majeſté. Il formera un état des dépenſes concernant ces mêmes objets, dont il enverra un double au Commandant du régiment, lequel lui en fera toucher le montant ſur le Tréſorier de la province.

Les régimens Provinciaux attachés aux différens régimens d'Artillerie, rempliront le même objet, lorſqu'ils ne marcheront point en campagne.

TITRE VII.

De la Levée.

ARTICLE PREMIER.

L'INTENTION de Sa Majeſté eſt que la levée des hommes néceſſaires pour compléter chaque bataillon à ſept cents dix hommes, continue à ſe faire par ſixième ſur ce pied, ainſi qu'il a été réglé par l'Ordonnance du 1.er Décembre 1774.

2.

LA levée du ſixième des hommes qui devront remplacer chaque année dans les bataillons Provinciaux, les hommes qui ſeront congédiés, aura lieu, d'après la répartition qui ſera faite par les Intendans, ſur les villes, bourgs & villages dépendans des provinces & généralités, eu égard au nombre d'hommes en état de ſervir, qu'elles contiendront: Voulant Sa Majeſté que chaque ſixième, après avoir rempli le temps de ſon ſervice, ſoit ſucceſſivement renvoyé, & qu'il ſoit remis par l'Intendant de la province à chaque homme, un certificat qui conſtate qu'il a rempli l'obligation à laquelle il a été aſſujetti.

3.

ENTEND Sa Majeſté que le *deficit* qui pourroit arriver audit ſixième, ſoit remplacé d'une année à l'autre, & que chacune des paroiſſes qui aura fourni un certain nombre d'hommes, ſoit tenue à leur remplacement, lorſqu'ils viendront à manquer par déſertion ou cauſe d'infirmités, ſans que les autres paroiſſes ſoient aſſujetties à y contribuer.

4.

PERMET Sa Majeſté aux Intendans, de régler l'époque de ladite levée au temps qu'ils jugeront le plus favorable, pour ne point détourner les peuples des travaux utiles de la campagne; ſon intention étant qu'ils préviennent le Secrétaire d'État de la guerre, du temps où ils jugeront convenable d'ordonner ladite levée.

5.

IL continuera d'être payé par les paroiſſes, cinq livres en argent par homme de nouvelle levée, pour être leſdites cinq livres appliquées aux frais des Commiſſaires employés à ladite levée.

6.

VEUT Sa Majeſté que les hommes qui ne ſe préſenteroient pas pour tirer au ſort le jour indiqué, ceux qui, après avoir ſubi le ſort, s'engageroient dans ſes Troupes, ou déſerteroient, ſoient aſſujettis aux peines portées par l'*article 6 du titre IV,* & les *articles 6 & 9 du titre IX* de l'Ordonnance de 1774, concernant les régimens Provinciaux, laquelle aura ſon exécution en tout ce qui ne ſera pas contraire au préſent Règlement.

7.

SA MAJESTÉ ne voulant aſſujettir les Soldats-provinciaux à aucune aſſemblée, ordonne à chaque Intendant, de faire conſtater dans ſon département la levée de chaque ſixième, par des procès-verbaux & des états ſignalés des hommes qui auront subi le sort, ainsi que de ceux qui par la suite seront dans le cas d'être congédiés, après avoir été inscrits pendant six ans; à l'effet de quoi il tiendra un contrôle exact du nombre d'hommes existans dans son département, & en adressera un double au Secrétaire d'État de la guerre.

8.

POUR que les hommes inscrits, ne soient détournés de leurs travaux, que dans les cas où la nécessité du service de Sa Majesté, ou la défense de son royaume pourroit l'exiger, veut Sa Majesté que dans aucune autre circonstance ils ne puissent être assujettis à se rendre dans les lieux indiqués, pour être examinés ou inspectés; mais son intention est que l'Intendant, lors des tournées qu'il fera dans son département, se fasse présenter lesdits hommes par subdélégation seulement, pour s'assurer de leur existence, juger s'ils sont propres au service, faire remplacer ceux qui manqueroient par mort, ou qui seroient défectueux; & enfin désigner ceux qui devront passer aux Grenadiers, sur le bon compte qui en sera rendu, pour remplacer dans chacune des compagnies de Grenadiers-royaux, avant qu'elles se rendent à l'assemblée, les hommes morts ou congédiés, lesdites compagnies devant toujours être complétées, en raison de la force des bataillons & autant que le nombre d'hommes propre à ce genre de service pourra le permettre.

9.

VEUT Sa Majesté que les Grenadiers-royaux & Soldats-provinciaux, aient la liberté d'aller travailler où bon leur semblera, pour vaquer aux travaux de la campagne, sans qu'il puisse leur être là-dessus imposé aucune espèce de contrainte; & lorsqu'ils voudront s'éloigner de leur paroisse, ils seront seulement tenus d'en avertir les Maire, Échevins, Consuls, Syndic ou Marguilliers, & de leur déclarer le lieu où ils voudront aller.

10.

LA subordination qui est établie dans les Troupes de

Sa Majesté, sera également observée dans les Troupes provinciales, pendant le temps qu'elles seront dispersées dans les provinces; & si quelque bas Officier, Grenadier & Soldat desdites Troupes, manquoit essentiellement à un Officier; ou un Grenadier ou Soldat à un bas Officier, il en seroit rendu compte sur le champ au Secrétaire d'État de la guerre, qui prononcera sur la punition qu'ils auront méritée.

Veut Sa Majesté que le présent Règlement soit exactement suivi; dérogeant à cet effet aux Ordonnances & décisions précédemment rendues, concernant les Milices ou les régimens Provinciaux, & les régimens de Grenadiers-royaux, en tout ce qui y seroit contraire.

MANDE & ordonne Sa Majesté aux Gouverneurs & ses Lieutenans généraux en ses provinces; aux Officiers généraux employés; au Lieutenant général de Police de la ville de Paris, pour ce qui concerne le régiment de ladite ville; aux Intendans des provinces du royaume, de s'employer, chacun à leur égard, à l'exacte observation du présent Règlement: Ordonne aussi Sa Majesté aux Gouverneurs & Commandans de ses villes & places, aux Commissaires des guerres, & à tous Baillis, Sénéchaux, Prévôts, Juges, leurs Lieutenans, & autres ses Officiers qu'il appartiendra, de tenir la main à ladite exécution.

FAIT à Versailles le premier mars mil sept cent soixante-dix-huit.

Signé LOUIS. *Et plus bas*, LE PRINCE DE MONTBAREY.

A PARIS, DE L'IMPRIMERIE ROYALE. 1778.

www.ingramcontent.com/pod-product-compliance
Ingram Content Group UK Ltd.
Pitfield, Milton Keynes, MK11 3LW, UK
UKHW020515180726
13839UKWH00005B/2109

9 782329 605920